보글보글
열 단어 한국사 라면

글 양화당

햇살 좋은 사무실에서 어린이책을 기획하고 집필하는 일을 하고 있습니다.
어린이들이 재미있게 읽으면서 마음의 양식으로 삼을 수 있는 따뜻하고
영양가 있는 책을 많이 쓰고 만드는 게 꿈이랍니다.
쓴 책으로 〈K탐정의 척척척 대한민국〉 시리즈, 〈새콤달콤 열 단어 과학 캔디〉 시리즈,
『신비아파트 공부 귀신 1. 발명품이 사라졌다』 등이 있습니다.

그림 이주미

대학교에서 디자인을 전공하고 현재 일러스트레이터이자 그림책 작가로 활동하고 있습니다.
2013년 나미콩쿠르, 2014년 앤서니 브라운 그림책 공모전, 2015년 한국안데르센상 출판 미술 부문,
2023년 나미콩쿠르 퍼플아일랜드를 수상했습니다. 쓰고 그린 책으로 『아기가 왔다』, 『숲』,
『당신의 가방 안에는?』 등이 있고, 그린 책으로 『좋아요가 달렸습니다』, 『좀비가 전학 왔다』 등이 있습니다.

감수 서울대학교 뿌리깊은 역사나무

역사 연구와 역사 교육의 성과를 널리 알리기 위해 서울대학교 역사교육과
김태웅 교수와 대학원생들이 만든 모임입니다. 학교 선생님, 학생 그리고
역사에 관심 있는 시민들과 더불어 오늘의 역사 교육 문제를 풀어 가고자
노력하고 있습니다.

보글보글 열 단어 한국사 라면_4 조선·대한 제국·일제 강점기

초판 1쇄 발행 2024년 9월 9일 | 초판 3쇄 발행 2025년 8월 18일
글 양화당 | 그림 이주미 | 감수 서울대학교 뿌리깊은 역사나무 | 사진 제공 국립 중앙 박물관, ⓒ간송미술문화재단
발행인 윤승현 | 편집장 안경숙 | 편집관리 윤정원 | 편집 황지영, 금민선 | 디자인 알토란
마케팅 정지운, 박현아, 김지윤, 황지영 | 제작 신홍섭
펴낸곳 (주)웅진씽크빅 | 주소 경기도 파주시 회동길 20 (우)10881
문의 전화 031)956-7440(편집), 031)956-7569, 7570(마케팅)
홈페이지 www.wjjunior.co.kr | 블로그 blog.naver.com/wj_junior | 인스타그램 @woongjin_junior
출판신고 1980년 3월 29일 제406-2007-00046호. | 제조국 대한민국 | 사용연령 7세 이상

글 ⓒ 양화당, 2024 | 그림 ⓒ 이주미, 2024
저작권자와 맺은 특약에 따라 검인을 생략합니다.

ISBN 978-89-01-27986-2, 978-89-01-27982-4(세트)

• 잘못 만들어진 책은 바꾸어 드립니다.
웅진주니어는 (주)웅진씽크빅의 유아·아동·청소년 도서 브랜드입니다. 저작권법에 의해 한국 내에서 보호를 받는 저작물이므로 무단 전제와 무단 복제를 금지하며,
이 책 내용의 전부 또는 일부를 이용하려면 반드시 저작권자와 (주)웅진씽크빅의 서면 동의를 받아야 합니다.

⚠ 주의 1. 책 모서리가 날카로워 다칠 수 있으니 사람을 향해 던지거나 떨어뜨리지 마십시오. 2. 보관 시 직사광선이나 습기 찬 곳은 피해 주십시오.

보글보글
열 단어 한국사 라면

4 조선·대한 제국·일제 강점기

양화당 글 | 이주미 그림

웅진주니어

열 단어를 찾아서 GO, GO!

조선 전기

한양	11
왕자의 난	15
세종	19
유교 그림책	23
장영실	27
양반	31
사림파	35
임진왜란	39
거북선	43
오랑캐	47

난 물!

우리 젓가락!

난 불!

조선 후기

탕평책	57
화성	61
신학문	65
가짜 양반	69
풍속화	73
꼭두각시 왕	77
흥선 대원군	81
개항	85
녹두 장군	89
단발령	93

대한 제국과 일제 강점기

고종 황제	103
신식 풍경	107
다섯 도적	111
조선 총독부	115
만세 운동	119
상하이	123
청산리 대첩	127
문화 수호대	131
일본식 성명 강요	135
8·15	139

난 냄비! 우리는 라면에 꼭 필요한 사총사!

한양

하나

새 나라 조선의 도읍이야.
누가 도읍을 정했을까?

1 지리에 밝은 김내비

2 나라를 세운 이성계

3 구름을 타고 다니는 배추 도사

4 성이 '한'씨인 양반

2 나라를 세운 이성계

고려 말, 귀족들이 부패를 일삼아 나라가 어지러워지자,
개혁을 원하는 신하들이 이성계를 찾아왔어.

고려는 더 이상 희망이 없어요.

이성계 장군님, 새 나라의 임금이 되어 주세요.

이성계와 신하들은 공양왕을 물러나게 하고 '조선'이라는 나라를 세웠어.
1392년 개경 궁궐에서 이성계의 즉위식이 성대하게 열렸어.

조선 만세!

조선 만세!

둘

왕자의 난

 태조의 아들 이방원이 일으킨 반란이야.
왜 반란을 일으켰을까?

1 임금이 되고 싶어서

2 용돈이 적어서

3 이웃 나라 공주와 결혼시켜 달라고

4 공부하기 싫어서

1 임금이 되고 싶어서

태조에게는 정도전이라는 특별한 신하가 있었어.
태조는 나랏일의 대부분을 정도전의 손에 맡겼어.

임금이 나랏일을 모두 결정하기보다, 똑똑한 삼정승을 뽑아 나랏일을 맡기십시오.

정도전은 겨우 열한 살짜리 막내 왕자를 세자로 추천했지.
다섯째 왕자 이방원은 이런 정도전이 못마땅했어.

삼정승이 나랏일을 결정한다고? 말도 안 돼.

서른을 넘긴 왕자가 여럿인데, 막내를 추천하다니! 참을 수 없어.

이방원은 정도전을 죽이고, 막내 왕자까지 죽였어.
왕자들은 세자 자리를 놓고 또 다퉜어.
그러다 이방원이 두 번째 왕자의 난을 일으켰어.

두 번째 왕자의 난은 어떻게 되었을까?
① 방원의 실패   ② 무승부   ③ 방원의 승리

3 방원의 승리

마침내 이방원은 조선의 제3대 임금 태종이 되었어.
태종은 왕위에 오르자 신하들이 거느리고 있던 개인 병사를 모두 없앴어.
개인 병사가 있으면 자기처럼 반란을 일으킬지 몰라 걱정됐거든.

나랏일을 담당하는 6조는 내 밑으로 집합!

인사 / 교육 / 재정 / 군사 / 법률 / 건축, 토목

그동안 6조가 삼정승에게 보고하면, 삼정승이 나랏일을 의논하여 결정하던 것을 임금에게 직접 보고하도록 바꿨지.
그러자 임금이 중심이 되어 나랏일을 결정하게 되었어.

우리 삼정승은 이제 낙동강 오리알 신세야.

좌의정 / 영의정 / 우의정

나·랏말쓰미

셋

세종

 조선에서 가장 많은 업적을 남긴 임금이야.
세종은 임금이 되기 전에 어떤 왕자였을까?

1 노는 데 정신이 팔린 첫째 왕자

2 불교에 빠져 사는 둘째 왕자

3 공부를 좋아하는 셋째 왕자

4 알려지지 않은 신비한 왕자

3 공부를 좋아하는 셋째 왕자

> 나는 세종! 셋째지만 능력을 인정받아 임금이 되었어. 앞으로 백성들을 위해 일할 거야. 무엇부터 해야 할까?

공부하는 임금이 되자!

세종은 나라를 잘 다스리기 위해 공부를 많이 했어. 그리고 똑똑한 신하를 집현전 학사로 뽑아 함께 연구도 했지.

세금을 공정하게 걷자!

세금 때문에 힘겨워하는 백성이 많아 백성의 부담을 덜어 줄 방법을 찾았어.

> 풍년에는 세금을 많이 걷고, 흉년에는 적게 걷으면 어떻겠소?

> 공정한 방법입니다!

한글을 만들자!

슬프게도 우리 글자가 없었어.
한자는 백성이 배우기에 너무 어렵고.
세종은 직접 글자를 만들었어.

백성을 배부르게 하자!

농사를 잘 짓는 농부의 농사법을
조사하여 그 방법을 책으로 펴냈어.

세종은 백성들을 괴롭히는 여진족을 무찌르게 장군을 보냈어. 누굴까?

① 지하여장군　　② 똥 장군　　③ 김종서 장군

3 김종서 장군

세종에게는 김종서 장군을 비롯해 뛰어난 신하가 여럿 있었어. 무슨 일을 했을까?

난 황희. 임금님을 도와 현명하게 나랏일을 처리했지.

난 김종서. 두만강 근처에 있던 여진족을 무찔렀어.

난 신숙주. 8개 국어를 잘해서 외교를 담당했지.

난 박연. 궁중 음악을 정리하고 궁중 악기인 편종과 편경도 만들었지.

세종과 뛰어난 인재들 덕분에 나라는 태평성대를 이루었어.

넷

유교 그림책

세종이 집현전 학사들과 만든 책이야.
이 책의 이름은 뭘까?

1 식사 순서도	2 모범택시도
3 삼강행실도	4 한강 유람도

3 삼강행실도

세종 때 아들이 아버지를 죽이는 사건이 일어났어. 신하들은 이런 일이 생기지 않도록 엄한 벌을 내리자고 했어. 하지만 세종은 먼저 백성들이 유교에서 말하는 충과 효를 배울 수 있도록 그림책을 만들라고 했지.

『삼강행실도』를 읽고 바른 생활을 하게 하라.

올해의 베스트셀러

임금과 신하,
부모와 자식,
남편과 아내 사이에 모범이 되는
이야기가 담긴 도덕 그림책!

자녀들 교육용 선물로 아주 좋아요!

충신, 효자, 열녀 이야기가 백 편 넘게 담겨 있어요.

까막눈도 그림만 보면 내용이 술술 이해돼요.

 『삼강행실도』 미리 보기 　　| 효녀 지은 이야기 |

옛날에 지은이란 소녀가 가난해서 음식을 구걸해 병든 어머니를 모셨어.

형편이 더 어려워지자, 부잣집의 노비로 일하며 어머니를 돌봤지.

이 사실을 알게 된 어머니가 슬피 울었어.

지은의 딱한 사정을 알게 된 임금님은 곡식을 내려 주었지.

도둑이 곡식을 훔쳐갈까 봐 사람도 보내 지키게 했대.

『삼강행실도』에 고려 신하의 이야기도 실렸어. 누굴까?
① 정몽주　　② 정충신　　③ 정목숨

1 정몽주

정몽주는 고려의 장군이었지만 나라를 사랑하는 충심만은 본받을 만하여 『삼강행실도』에 실리게 됐어.

📖 『삼강행실도』 미리 보기 | 충신 정몽주 이야기 |

고려 말, 이방원이 정몽주를 찾아왔어. "새 나라를 세웁시다!"

하지만 정몽주는 단칼에 거절했어. "난 두 임금을 섬길 수 없소."

정몽주는 끝까지 고려를 향한 충심을 지키다가 죽임을 당했어.

백성들은 『삼강행실도』를 읽으며 충과 효가 중요하다는 걸 배웠어. 그러면서 유교가 차츰 조선 사회 전체로 스며들었지.

장영실

세종 때 활약한 뛰어난 발명왕이야.
무엇을 만들었을까?

1 자동 물시계

2 도깨비감투

3 타임머신

4 뿅망치

1 자동 물시계

장영실은 원래 지방 관아의 노비였어.

물건을 고치고 만드는 능력이 뛰어나 한양으로 뽑혀 왔지.

그러던 어느 날 세종이 장영실을 불렀어.

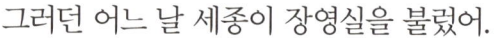

장영실은 온갖 자료를 보고 연구한 끝에 자동 물시계, 자격루를 완성했어.

그 뒤론 자격루가 알리는 시간에 맞춰 백성들의 하루가 시작됐어.

장영실은 다른 유익한 발명품도 만들었어.
세종은 이 도구들을 한양 곳곳에 놓고 백성들을 위해 사용했지.

장영실은 측우기라는 것도 만들었어. 이게 뭘까?
① '측!' 하고 우는 인형   ② 눈물 담는 그릇   ③ 빗물 양을 재는 도구

3 빗물 양을 재는 도구

그동안은 비가 내린 양을 정확히 알 방법이 없었어.
장영실은 밤을 새워 연구해 세계 최초로 측우기를 만들었어.

세종은 전국 팔도의 관아에 측우기를 내려보내 빗물의 양을 재서
보고하게 했어. 이걸 어디다 쓸 거냐고?

양반

 조선 시대의 신분 중 가장 높은 계층이야.
양반만 할 수 있는 일은 뭘까?

1 양반다리하고 앉기

2 "에헴!" 하고 큰기침하기

3 고무줄놀이하기

4 한양 도성 안을 말 타고 지나기

 ## ④ 한양 도성 안을 말 타고 지나기

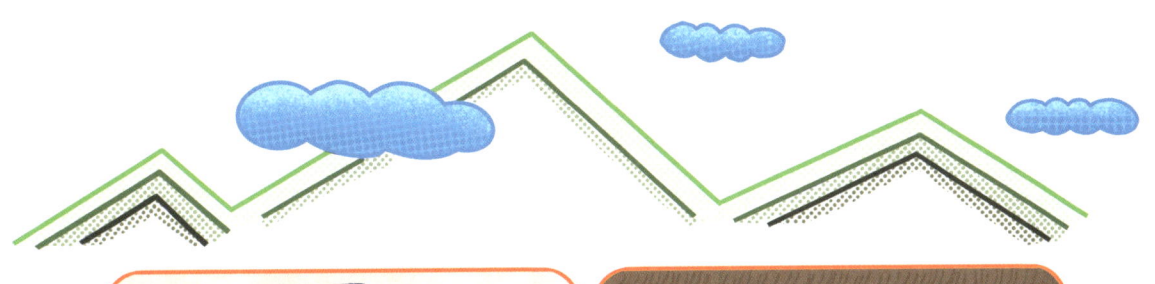

양반 집에 살면서, 양반 대신 농사짓는 사람을 뭐라고 할까?
① 비서　② 노비　③ 농사 박사

2 노비

조선에서는 신분을 양반, 중인, 상민, 천민으로 나누었어.
개인의 능력에 상관없이 신분마다 할 수 있는 일들이 정해져 있었어.
그중 천민인 노비는 양반 집에서 농사를 짓고, 집안일을 했지.

환자를 보거나 통역하는 일도 해!

주로 농사짓거나 장사를 해. 나라에 세금 내고 군대도 우리가 간다니까.

노비, 광대, 소나 돼지를 잡는 백정 일도 해.

양반은 가장 높은 신분

중인은 전문직

상민은 일반 백성

천민은 가장 낮은 신분

조선은 신분이 엄격한 사회라서 길을 가다
양반을 마주치기만 해도 꾸벅 절을 해야 했어.
조선에서는 양반이 최고였어.

일곱

사림파

 양반 중 일부가 사림파를 이루었어.
사림파는 뭘 했을까?

1 배꼽 빠지는 유머를 수집했어.

2 사람 홀리는 마술을 배웠어.

3 성리학을 널리 퍼뜨렸어.

4 거문고 연주단을 만들었어.

3 성리학을 널리 퍼뜨렸어.

우리는 특별한 선비들! 선비(사 士)들이 수풀(림 林)처럼 모여 있다고 해서 사림이야.

우리의 꿈은 유교 세상을 만드는 것. 그러려면 유교의 가르침인 성리학을 퍼뜨려야 해.

우리는 임금에게 성리학을 가르쳤어.

임금님, 성리학 공부하세요!

백성들에게도 성리학을 전파했지.

사람은 의리를 지켜야 합니다! 이게 바로 성리학이지요.

1 서원 세우기

사림파는 지방으로 내려가서 사립 학교인 서원을 세웠어.
서원은 양반 집안의 자식만 다닐 수 있었지.

서원을 다닌 제자들은 과거 시험을 보고, 나라의 관리가 되었어.
세월이 흐르자 관리가 된 사림파가 점점 많아졌어.
같은 서원 출신끼리 뭉쳐 큰 파벌을 만들기도 했지.
조선은 어느덧 사림파 세상이 되었어.

임진왜란

 선조 때 일본이 쳐들어온 전쟁이야.
전쟁 전에 무슨 일이 있었을까?

1 임금이 밤마다 악몽을 꾸었다.

2 점쟁이가 일본의 침략을 예언했다.

3 일본에 통신사를 보내 상황을 살폈다.

4 일본과 달리기 시합을 했다.

3. 일본에 통신사를 보내 상황을 살폈다.

선조는 일본이 전쟁을 일으키려 한다는 소문을 확인하려고 일본에 통신사를 보냈어. 조선에 돌아온 통신사들은 서로 다른 말을 했어.

그런데 얼마 뒤, 20만 명이 넘는 일본군이 진짜 쳐들어왔어.

조선군은 일본군이 가진 조총 때문에 싸움마다 지고 말았어.

일본군은 경상도를 지나 빠른 속도로 한양을 향해 나아갔어. 신립 장군이 충주 탄금대에서 일본군을 막아섰어.

하지만 신립 장군은 전투에서 지고 목숨도 잃고 말았어.
소식을 들은 선조는 한양을 떠나 북쪽으로 피란 갔어.
백성들도 줄줄이 그 뒤를 따랐지.
일본군은 한양을 차지한 뒤, 경복궁을 불태워 버렸어.

금은보화는 우리 게!

귀한 그림도 우리 게! 도자기도 우리 게!

조선군이 일본군에 밀리자, 스스로 나와 싸운 사람들이 있었어. 누굴까?
① 헐크　　② 의병　　③ 번개맨

거북선

일본군과 싸울 때 활약한 거북 모양 배야.
누가 만들게 했을까?

1 도망가고 싶은 사또	2 바다거북을 잘 잡는 어부

3 일본을 크게 물리친 이순신 장군	4 바다를 지키는 용왕

③ 일본을 크게 물리친 이순신 장군

이순신 장군의 한산도 대첩 대작전!

[1단계] 거짓 후퇴로 꾀어내기

일본군 배 70여 척이 통영 앞바다 견내량에 나타났다. 나는 조선군 배에게 도망치라고 명령했다.

"겁도 없이 덤비다니, 혼쭐을 내 주겠스므니다!"

"넓은 한산도 앞바다로 꾀어내자."

"나 잡아 봐라!"

[2단계] 학 날개 모양으로 둘러싸기

"으악! 포위당했네!"

일본군 배가 한산도 앞바다로 나오자 우리는 일본군 배를 학 날개 모양으로 둘러쌌다.

[3단계] 화포와 불화살로 집중 공격!

화르르, 쾅쾅! 거북선이 먼저 화포를 쏘며 일본군을 향해 돌격했다. 다른 배도 화포와 불화살을 쏘았다. 일본군 배들이 불타기 시작했다.

우리는 일본군을 크게 물리쳤다. 이 싸움으로 일본군은 조선의 수군을 무서워하게 되었다.

> 거북선 무서워.
> 이순신 무서워!
> 조선군 무서워!

13척의 배로 일본군 배 133척을 물리친 전투가 있어. 뭘까?

① 십삼 대첩   ② 명량 대첩   ③ 소란 대첩

2 명량 대첩

임진왜란이 일어난 지 몇 년 뒤, 일본군이 또 쳐들어왔어.
이순신 장군은 진도 앞바다 명량에서 험한 물살과 지형을 이용해 이번에도 일본군을 크게 무찔렀어.

일본군은 싸움에서 연달아 지자 철수하기 시작했어.
이순신 장군은 일본군을 쫓아 노량 앞바다까지 가서 싸웠지만, 안타깝게도 일본군의 총에 맞아 목숨을 잃었지.

노량 해전의 승리로 7년 동안 이어진 긴 전쟁이 끝났어. 하지만 조선의 앞날은 평탄하지 않았어.

열

오랑캐

 중국 청나라 사람을 얕잡아 부르던 말이야.
왜 이렇게 불렀을까?

1 청나라를 너무 싫어해서

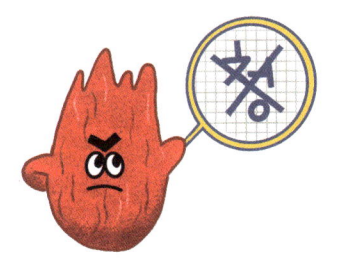

2 오랑우탄을 닮아서

3 다섯 임금이 세운 나라라서

4 오랑캐꽃이 많아서

1 청나라를 너무 싫어해서

일본과의 전쟁이 끝날 무렵, 중국에서는 여진족이 후금을 세웠어. 후금은 나중에 청나라로 이름을 바꿨는데, 조선에서는 이들을 야만적인 침략자란 뜻으로 오랑캐라고 불렀지. 그런데 후금과 명나라 사이에 싸움이 일어났어. 조선은 둘 사이에서 어떻게 했을까?

> 안전이 가장 중요해!
> 어느 편도 안 들 거야.

광해군은 명나라 부탁으로 군대를 보내면서 장군에게 특별한 당부를 했어.
임진왜란 때 명나라가 도와준 은혜는 갚아야 하지만,
후금과 적이 되긴 싫었거든.

그런데 광해군을 몰아내고 임금이 된 인조는 후금을 무시했어. 그러자 후금이 조선으로 쳐들어왔어. 병자호란이 일어난 거야. 인조는 한양을 떠나 남한산성으로 피란을 갔지만, 10만 후금 군대가 산성을 포위했어.

의리가 더 중요해!
명나라 편에 설 거야.

후금 아니라 청나라!
이름 바꾼 지가 언젠데.
왕자 두 명과 신하들을
포로로 데려갈게.

후금에 항복하다니
일생일대의 수치야!

청나라에 끌려갔던 왕자는 8년 뒤 돌아와 효종 임금이 되었어. 효종은 무엇을 했을까?

① 청나라 임금에게 암살단을 보냈다.   ② 청나라와 싸울 군대를 길렀다.

2 청나라와 싸울 군대를 길렀다.

효종은 군사를 10만 명으로 늘리고, 조총도 개발했어.
그 덕분에 군대가 강해지고 나라도 안정되었지.

아버지 때의 굴욕을 반드시 되갚을 거야!

옳습니다! 오랑캐에게 따끔한 맛을 보여야 해요!

그런데 효종이 갑작스러운 병으로 죽자 청나라를 치려는 계획은 흐지부지되었어. 그사이 청나라는 명나라를 무너뜨리고 더 막강해졌어.
하지만 조선 사람들은 이제 유교의 나라는 조선뿐이라며, 청나라를 계속 무시했어.

청나라는 오랑캐 나라일 뿐이야! 유교를 따르는 우리 조선을 따라올 수 없어.

신나는 요리 시간

먼저 빈칸에 조선 전기 열 단어를 적어 봐!

이성계는 새 나라 조선을 세우고, ○○을 도읍으로 정했어.

이성계의 아들 이방원은 ○○ 의 ○ 을 일으켜 임금이 되었어.

○○은 한글을 만들고 백성을 위한 정치를 한 위대한 성군이야.

세종은 백성들에게 충과 효를 가르치기 위해 ○○○○책 인 『삼강행실도』도 만들었지.

세종을 도와 자동 물시계인 자격루를 만든 발명왕은 ○○○이야.

조선에서 가장 높은 신분은 ○○이지.

양반 중에 ○○○는 유학의 한 갈래인 성리학을 조선에 퍼뜨린 선비들이야.

일본이 조선을 침입해 임○○○을 일으키자, 의병이 일어나 싸웠어.

이 전쟁에서 이순신은 비장의 무기인 ○○○으로 큰 승리를 거뒀어.

하지만 조선은 ○○○라고 부르던 청나라에 굴욕적으로 지고 말았어.

정답: 한양, 왕자의 난, 세종, 유교 그림책, 장영실, 양반, 사림파, 임진왜란, 거북선, 오랑캐

하나

탕평책

영조가 관리를 뽑을 때 쓴 정책이야.
그게 뭘까?

1 탕수육 빨리 먹는 사람 뽑기	**2** 책상을 '탕!' 크게 치는 사람 뽑기

3 '탕평'이란 암호를 푼 사람 뽑기	**4** 실력대로 공평하게 뽑기

4 실력대로 공평하게 뽑기

영조가 임금에 오르기 전 연잉군일 때의 일이야.

임금이었던 경종에게는 아들이 없었어.

그러자 신하들이 세자 자리를 놓고 편을 나눠 다퉜어.

얼마 뒤 진짜 위험한 일이 일어났어. 노론파 사람이 경종을 암살하려다 들통나 버렸거든. 소론파 사람들이 들고일어났어.

간신히 목숨을 구한 연잉군은 어렵게 임금이 되었어.
영조는 신하들을 불러 모았어. 마침 그 자리에 청포묵으로 만든 탕평채가 나왔어. 서로 다른 재료를 골고루 섞어서 먹으니, 그 맛이 일품이었지.

앞으로는 노론 소론 구별 없이 골고루 관리로 뽑는 탕평책을 쓰겠다.

그러니 여러 재료가 어우러진 이 탕평채처럼 사이좋게 지내라.

헉! 소론파도 관리를 시켜 준다고?

휴, 죽을 줄 알았는데 다행.

그 뒤로 영조는 공평하게 뽑은 관리와 함께 백성을 위한 정치를 펼쳤어.

영조는 백성을 살피기 위해 지방에 어사를 보냈어. 누굴까?
① 비밀리에 박   ② 생명수   ③ 박문수

3 박문수

영조는 박문수에게 '어사' 벼슬을 주고,
지방에 있는 관리들이 제대로 일하는지 살피게 했어.

임금님께 보고합니다!
여긴 경상도! 큰 흉년인데도
자기 배만 불린 관리들이 있어서
모두 혼내 줬어요.
어사 박문수 올림

박문수는 백성에게 줄 쌀도 보내 달라고 부탁했어.
영조는 신하들의 월급을 줄여 쌀 2천 석을 보냈지.
이렇게 활약한 어사 박문수는 영조를 죽이려 한 소론파였어.
영조의 탕평책이 큰일을 해냈지?

둘

화성

 수원에 새로운 기술로 지은 성이야.
누가 지었을까?

1 수원 시장	2 정조 임금

3 겨울 왕국의 엘사	4 도깨비

2 정조 임금

"난 영조의 뒤를 이은 신세대 임금답게 건설 과정도 남다르지. 한번 볼래?"

나의 화성 건설 계획

뒤주에 갇혀 죽은 아버지 묘를 수원으로 옮기기

수원에 화성을 지어 신도시 만들기

백성들에게 월급 주기

"화성을 짓는 데 참여한 백성에게 세금과 군대를 면제해 주고, 월급도 주었어."

"나랏일 하고 월급 받기는 처음이야, 허허!"

"야호!"

과학 기술 이용하기

정약용! 새로운 과학 기술로 화성을 빠르고 튼튼하게 지어 보게!

넵, 이 거중기를 이용하면 무거운 돌도 번쩍 들어 올려 10년 걸리는 공사를 2년 반에 끝낼 수 있어요.

철통 방어 성 만들기

안쪽에 무기를 숨기고 적을 공격할 수 있도록 벽에 구멍을 낼게요.

성문을 옹성으로 한 번 더 감싸 안전할 거예요.

화성이 완성되자, 정조는 한강을 건너 화성으로 행차했어. 한강을 어떻게 건넜을까?

① 수상 택시　　② 잠수　　③ 배다리

3 배다리

정약용이 배 수십 대를 이어 붙여서 한강에 배다리를 띄웠어.

정조는 이 배다리를 건너 화성에 도착했어.

정조는 감격에 겨워 화성의 이곳저곳을 둘러보았어.

화성 건설 성공!

신학문

 정조 때 새로운 학문이 유행했어. 왜 유행했을까?

1 조선을 바꿔 보려고

2 새로운 패션에 어울려서

3 전교 1등이 퍼뜨려서

4 광고를 많이 해서

1 조선을 바꿔 보려고

여러 학자가 조선을 잘사는 나라로 바꾸려면 실생활에 이용할 수 있는 학문이 필요하다고 생각했어. 이 학문을 실학이라고 불렀지. 학자들의 말을 들어 볼까?

> 부자 나라가 되는 길은 농업뿐입니다! 양반들이 가진 땅을 백성들에게 나눠 줘야 농업이 발전하죠. 이건 내 경험에서 나온 말이오. 못 믿겠거든 내가 지은 『반계수록』을 보시오. 에헴!

— 유형원 / 『반계수록』

> 수레를 많이 만듭시다! 큰 수레가 있으면, 시장에 많은 물건을 내다 팔아 부자가 될 수 있죠. 내가 청나라에서 보고 들은 걸 여기 『열하일기』에 다 적어 놓았다오.

— 박지원 / 『열하일기』

이 학자들을 실학자라고 불렀어.
실학자 말대로만 되면 조선이 새롭게 바뀌겠지?

우리 역사를 바로 압시다!
단군이 세운 고조선이 우리 역사의 시작이라는 건 알고 있나요? 내가 쓴 『동사강목』에 다 나와 있지요. 허허, 내가 글을 좀 잘 쓰오.

실제로 도움 되는 책을 봅시다!
부자 나라 만드는 법, 좋은 관리 되는 법, 공정하게 재판하는 법 등을 다 정리해 『여유당전서』로 만들었죠. 음, 난 책 쓰기가 취미요.

실학 말고 조선을 발칵 뒤집은 새로운 학문이 나타났어. 그게 뭘까?
① 애니메이션　　② 서학　　③ 유튜브

2 서학

서학은 서양에서 들어온 학문이라는 뜻으로, 천주교를 말해.
1791년 천주교를 믿는 윤지충이 관아에 잡혀 왔어.
죄목은 돌아가신 어머니의 이름이 적힌 위패를
불태워 버린 일이었어.

나라에서는 당장 천주교 믿는 것을 금지했어. 조선에서는 무엇보다
유교에 따라 효를 실천하는 일이 중요했거든. 하지만 백성들은 몰래몰래
천주교를 믿었어.

가짜 양반

 조선 후기에 가짜 양반이 많이 나타났어.
어떻게 양반이 된 걸까?

1 양반 학교에 다녔어.	2 이름을 '양반'이라고 지었어.

3 돈을 주고 양반 신분을 샀어.	4 양반이 되는 신비한 샘물을 먹었어.

3 돈을 주고 양반 신분을 샀어.

개똥이의 양반 되기 프로젝트

난 조그만 땅을 일구며 겨우겨우 입에 풀칠하며 살았어.
그런데 발전된 농사법이 알려졌지.

난 이 방법대로 열심히 농사를 지었어.

모를 따로 기른 다음, 논에 옮겨 심는 모내기법

밭고랑을 깊이 파서 씨를 뿌리는 법

헉! 생산량이 두 배로 늘었네.

난 아주 큰 부자가 됐어.

양반 아니면 군대 가야 해. 안 가려면 세금 내!

진짜? 그렇담 양반이 되지, 뭐.

3 양반전

이렇듯 조선의 신분제는 조금씩 무너져 가고 있었어.

다섯

풍속화

 조선 후기에 크게 유행한 그림이야.
어떤 그림일까?

1 쌩쌩, 바람 부는 모습을 담은 그림

2 백성들의 생활 모습을 담은 그림

3 풍씨 화가의 투명 그림

4 풍기 인삼을 광고하는 그림

2 백성들의 생활 모습을 담은 그림

풍속화 전시회

참여 작가: 김홍도, 김득신, 신윤복   ****년 **월 **일 **화방

<씨름도> 김홍도

<주막> 김홍도

양반과 상민이 한자리에서 씨름 구경을 하네!

예전 같았으면 꿈도 못 꿀 일이지!

앞마을에 새로 생긴 주막이잖아? 요즘 주막이 많아졌어.

장이 커지고, 물건 파는 장사꾼이 늘어서 그래.

3 이름 없는 화가

민화는 그림을 그린 사람이 알려지지 않은 경우가 대부분이었어. 백성들이 집을 장식하는 데 사용했지. 예전에는 양반들만 그림을 보고 즐겼는데, 이제 백성들도 그림을 사고 즐기게 되었어.

〈작호도〉 작자 미상

〈문자도〉 작자 미상

까치는 좋은 소식을 전하고, 호랑이는 나쁜 걸 물리치지. 대문에 이 그림 한 장을 턱 붙여 두면 안심이라고!

효도 '효(孝)'자를 그림으로 그렸네. 아이 방에 붙여 두면 효심이 절로 솟겠지?

여섯

꼭두각시 왕

남이 조종하는 대로 움직이는 임금이야.
누구의 조종을 받았을까?

1 성격 나쁜 내시	2 욕심 많은 친척

3 우락부락한 도깨비	4 보이지 않는 유령

2 욕심 많은 친척

정조가 갑작스럽게 세상을 떠난 뒤 순조는 고작 11세에 임금이 되었어. 그러자 친척들이 순조 대신 나랏일을 돌보기 시작했어.

어른이 될 때까지 할미와 장인만 믿으세요.

내가 어리다며 증조할머니인 정순 왕후가 모든 나랏일을 처리했지. 좀 더 자라서는 안동 김씨 가문 김조순의 딸을 왕비로 맞았어. 그랬더니 이젠 장인어른이 자기만 믿으래.

꼭두각시 왕 1호 순조

2 벼슬을 팔았다.

안동 김씨 가문은 돈을 받고 벼슬을 팔아 돈을 벌었어.
벼슬을 산 관리들은 다시 재산을 모으려고 백성을 쥐어짜며
나쁜 짓을 일삼았어.

결국 백성들 가운데에는 마을에서 도망쳐 나와 떠돌이가 되는 이들도
많아졌지. 나라는 갈수록 더욱 혼란해졌어.

일곱

흥선 대원군

안동 김씨 세력을 몰아낸 사람이야.
누구일까?

1 흥이 유난히 많은 군수	2 떠돌이 생활에 지친 백성

3 고종의 아버지	4 꼭두각시 인형 만드는 장인
	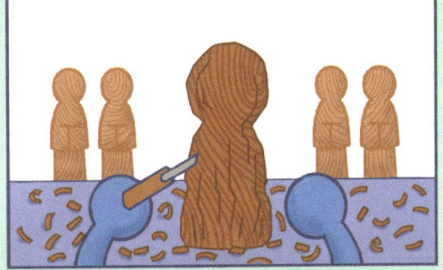

3 고종의 아버지

철종이 자손 없이 죽자 안동 김씨 세력은
왕족 이하응의 어린 아들을 다음 임금으로 세웠어.
그 뒤로 이하응은 흥선 대원군이라고 불렸어.
흥선 대원군은 어린 고종을 대신해 나라를 다스리며,
왕실의 권위를 바로
세우기 시작했어.

안동 김씨 몰아내기
먼저 높은 벼슬을 차지한 안동
김씨를 쫓아내고, 능력 있는
인재를 새로 뽑았어.

안동 김씨 안 뽑는대!
신분 안 본대.

능력만 있으면 오케이!

나라 창고 채우기

못된 관리들이 나라 재산을
빼돌리는 바람에 창고가 텅텅 비었어.
흥선 대원군은 양반에게도
세금을 내라고 명령했어.

그동안 내지 않던
세금을 내라니….

양반도
군포를 내시오!

세금도 안 내는 서원은
47개만 두고 없애겠소.

경복궁 다시 짓기

한양에서 가장 큰 궁궐인
경복궁이 임진왜란 때 불탔지.
흥선 대원군은 경복궁을 더 크고
웅장하게 다시 짓기로 했어.
경복궁이 똑바로 서면 왕권이
더 강해 보일 거라고 생각했거든.

흥선 대원군이 다스리던 때 프랑스군의 배가 인천
앞바다에 나타났어. 이유가 뭘까?

① 단체 관광을 하려고   ② 조선에 항의하려고

2 조선에 항의하려고

프랑스군은 흥선 대원군이 천주교를 몰아내려고 프랑스 선교사를 죽인 일을 항의하러 왔어.

조선군과 프랑스군은 강화도에서 맞붙었어.
프랑스군은 싸움에서 지자, 왕실 도서관인 외규장각을 불태우고, 책을 빼앗아 도망갔어. 얼마 뒤에는 독일 상인 오페르트가 흥선 대원군의 아버지 묘를 파헤치려는 일도 있었어.

흥선 대원군은 다른 나라와의 무역을 거부했어.
하지만 흥선 대원군이 물러난 뒤 사정은 달라졌어.

개항

 고종이 꼭꼭 닫아 두었던 항구를 연 거야.
누구에게 처음 항구를 열었을까?

1 무인도에서 탈출한 로빈슨 크루소

2 인삼을 사러 온 아라비아 상인

3 조선 앞바다를 휘젓고 다니던 일본

4 돼지 삼 형제를 노리는 늑대

3 조선 앞바다를 휘젓고 다니던 일본

고종이 나라를 다스린 지 12년째 되던 해였어.
강화도 앞바다에 일본 군함 운요호가 나타났어.

운요호는 물러났다가 무장한 군함을 여러 척 몰고 다시 나타났어.

결국 고종은 일본과 '강화도 조약'을 맺고 항구를 열기로 했지.

강화도 조약은 일본에만 유리하고, 조선에는 불리했어.

일본인이 죄를 저지르면 일본의 법으로 처벌한다.

"우린 조선 법을 모르므니다."

"죄를 짓고 일본으로 도망갈 속셈이야."

일본과 상품을 사고팔 때 세금을 매기지 않는다.

"서로 세금이 없으니 공평하므니다!"

"우리 쌀을 싼값에 가져가겠다는 거잖아."

일본은 조선의 바닷가를 측량할 수 있다.

"배가 안전하게 다니려면 지도가 필요하므니다."

"우리 땅을 맘대로 조사해도 돼?"

그 뒤로 영국, 미국, 프랑스 같은 나라들도 조약을 맺자고 찾아왔어.
굳게 닫혔던 조선의 문이 활짝 열렸어.

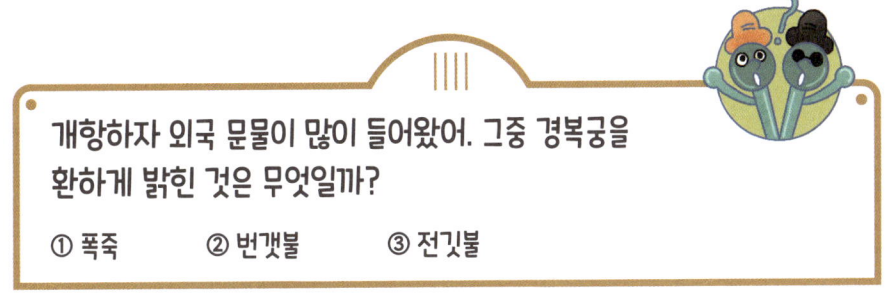

개항하자 외국 문물이 많이 들어왔어. 그중 경복궁을 환하게 밝힌 것은 무엇일까?

① 폭죽　　② 번갯불　　③ 전깃불

3 전깃불

고종은 미국에서 전기 설비를
들여와 경복궁에 전깃불을 밝혔어.

외국 물건에 관심이 많은 건 백성들도 마찬가지였어.

이 물건들은 주로 일본 상인을 통해 들어왔어.
그러자 물건을 사느라 헐값에 판 쌀과 콩이
죄다 일본으로 빠져나갔지.
백성들은 점차 살기가 어려워졌어.

녹두 장군

동학 농민군을 이끈 장군의 별명이야.
이 장군은 누굴까?

1 싸움을 잘하는 무신 이근육	2 녹두를 키우던 농사꾼 나녹두

3 동학을 믿던 선비 전봉준	4 녹차 두부를 만든 요리사 한요리

3 동학을 믿던 선비 전봉준

전봉준

4	20만	3
게시물	팔로워	팔로잉

녹두 장군의 동학 일기

1890년 10월
동학에서는 '사람이 곧 하늘'이라고 했다. 양반, 노비 구분 없이 모두 하늘만큼 귀하단다. 나는 이 말에 반해 동학을 믿게 되었다. 지금은 전라도 고부의 동학 책임자다.

#동학이_꿈꾸는_평등_세상

1894년 2월
고부 사또 조병갑이 농민들을 못살게 굴고 있다. 하늘 같은 백성을 괴롭히다니…. 난 동학을 믿는 농민들과 함께 고부 관아로 쳐들어갔다. 아쉽게도 조병갑은 도망가고 없었다.

#농민들이_화났다!

녹두 장군님, 멋져요!

동학군이여, 영원하라!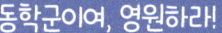

일본군, 청나라군을 조선에서 몰아내자!

1894년 4월
이번 일을 조사한다며 관리가 왔다. 그런데 잘못한 조병갑은 두고 그냥 농민들만 잡아들이는 거다. 썩어 빠진 세상! 난 수천 명의 동학 농민군을 모아 관군과 맞서 싸웠다. 사람들은 이런 날 몸집이 작은 녹두 장군이라고 불렀다.

#백성이_나라의_주인!
#동학_농민_운동

1895년 5월
청나라군과 일본군이 우리를 막는다는 건 핑계다. 조선을 노리는 게 분명하다. 이런 때 우리끼리 싸우면 안 된다. 난 고민 끝에 동학 농민군에게 해산 명령을 내렸다.

#우리의_적은_일본군과_청나라군!

그러나 일본군과 청나라군은 물러가지 않았어. 그들은 조선에서 무엇을 했을까?

① 청일 전쟁 ② 먹방 투어 ③ 팔씨름 대회

1 청일 전쟁

청나라와 일본은 조선을 차지하려고 전쟁을 벌였어.
청일 전쟁에서 이긴 일본은 경복궁에 고종을 가두고
자기네 말을 잘 듣는 대신들에게 나랏일을 맡겼어.
그러자 전봉준은 다시 한번 농민군을 일으켰어.

우리 땅에서 일본군을 몰아내자!

그런 구식 무기로는 어림없지. 포를 쏴라!

농민군 2만 명이 공주 우금치 고개에서 일본군과 맞서
싸웠어. 수많은 농민군이 죽고 전봉준마저 붙잡혀 사형당했어.
그 뒤 동학 농민 운동도 사그라들고 말았지.

단발령

 백성들에게 머리카락을 자르게 한 명령이야.
누가 이런 명령을 내렸을까?

1 프랑스에서 온 헤어 디자이너	2 조선을 마음대로 하려는 일본 공사

3 가위를 많이 팔고 싶은 가위 장수	4 신식 패션을 좋아하는 공주

2 조선을 마음대로 하려는 일본 공사

경복궁에 갇혀 있던 고종은 일본의 손아귀에서 벗어나고 싶었어.
그러자 고종의 아내인 명성 황후가 러시아의 힘을 빌리자고 했어.

고종이 러시아와 친한 신하들에게 나랏일을 맡기자,
일본의 세력은 점차 약해졌어.
일본은 이게 다 명성 황후 탓이라고 생각했어.
일본은 자객을 보내 러시아를 끌어들인 명성 황후를 죽여 버렸어.

그리고 일본은 다시 나랏일에 간섭하더니,
머리카락을 자르라는 단발령까지 내렸어.

단발령

미개한 문화를 세련되게 바꾸자!
건강과 위생을 위해 상투를 자르자!

이건 조선의 전통을 망치려는 거야.

부모님이 물려주신 귀한 머리카락을 자르느니 죽음을 택하겠소.

사람들이 따르지 않자, 일본은 고종에게 상투를 자르라고 했어.
이 소식을 듣고 화가 난 백성들이 의병을 일으켰어.

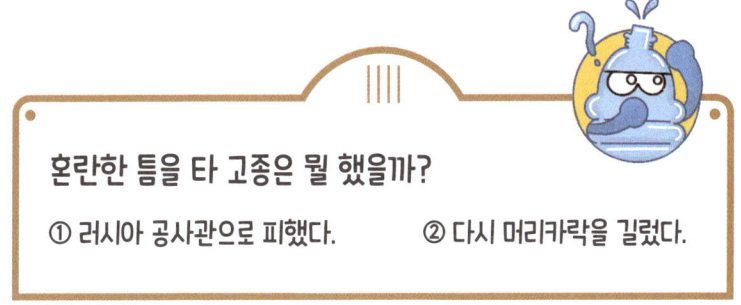

혼란한 틈을 타 고종은 뭘 했을까?
① 러시아 공사관으로 피했다.　　② 다시 머리카락을 길렀다.

 ## 1 러시아 공사관으로 피했다.

고종은 명성 황후처럼 죽을 수도 있겠다는 생각이 들었어.
그래서 경복궁을 탈출해 러시아 공사관으로 피했어.
러시아 공사관에는 일본도 함부로 들어올 수 없었거든.
그 대신 고종은 러시아의 부탁을 들어줘야 했어.

고종은 일 년이 넘게 러시아 공사관에 머물렀어.
그동안 일본의 세력은 약해졌지만, 러시아의 세력이
점점 커졌어. 결국 고종은 궁궐로 돌아가기로 마음먹었어.

신나는 요리 시간

먼저 빈칸에 조선 후기 열 단어를 적어 봐!

영조는 편을 나누지 않고 골고루 관리를 뽑는 ○○○을 실시했어.

정조는 새로운 과학 기술을 이용해 멋진 ○○을 지었지.

실학과 서학은 조선을 바꿔 보려는 ○○○이야.

돈으로 양반 신분을 산 ○○ 양 ○이 많아졌어.

○○○는 백성들의 생활 모습을 그린 그림이야.

○○○○ 왕이 임금이 되자, 백성들은 살기 어려워졌어.

○○○○○은 항구를 닫고 외국과의 무역을 거부했어.

하지만 일본과 맺은 강화도 조약으로 항구를 여는 ○○이 시작됐어.

녹○○○ 전봉준은 동학 농민 운동을 이끌었어.

명성 황후를 죽인 일본은 머리를 자르라는 ○○○까지 내렸어.

정답: 탕평책, 화성, 신학문, 가짜 양반, 풍속화, 꼭두각시 왕, 흥선 대원군, 개항, 녹두 장군, 단발령

하나

고종 황제

고종은 대한 제국의 첫 번째 황제가 되었어.
대한 제국은 어떤 나라일까?

1 대한과 제국이 함께 세운 나라

2 대한 추위가 닥쳐도 끄떡없는 나라

3 조선을 이어받은 새로운 나라

4 종이 많이 있는 나라

3 조선을 이어받은 새로운 나라

경운궁(지금의 덕수궁)으로 돌아온 고종은 나라 이름을 대한 제국으로 바꾸고, 환구단에서 하늘에 제사를 올렸어.
지켜보던 신하들도 마음이 벅차올랐어.
고종은 명성 황후가 살해당하고, 러시아 공사관으로 피신했던 어려운 시절이 눈앞에 떠올랐지.

고종은 바쁘게 나라를 바꾸기 시작했어.
전통은 유지하되, 외국의 문물 가운데 좋은 것은 받아들였어.

공장 세우기
비싼 서양 물건 대신 우리가 공장에서 직접 만들어 쓸 거야!

학교 세우기
공장을 운영할 인재는 학교에서 가르치면 되지!

외국에 유학생 보내기
앞선 문물을 배워 와서 나라에 보탬이 되어야지.
난 천민 출신이지만 유학생으로 뽑혔어. 내 능력을 보여 줄 거야.

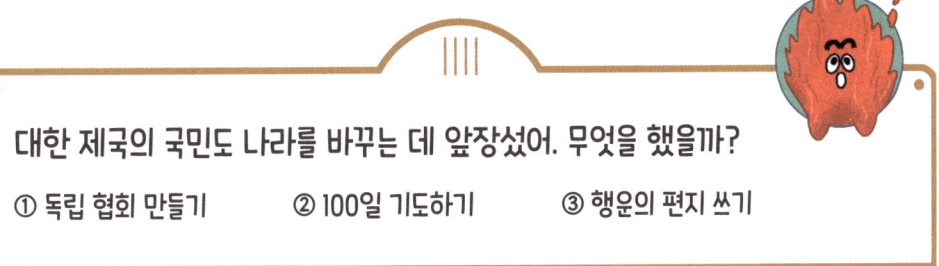

대한 제국의 국민도 나라를 바꾸는 데 앞장섰어. 무엇을 했을까?
① 독립 협회 만들기　　② 100일 기도하기　　③ 행운의 편지 쓰기

1 독립 협회 만들기

나라를 걱정하는 사람들이 독립 협회라는 단체를 만들었어. 독립 협회는 대한 제국이 다른 나라의 간섭을 받지 않는 독립국이라는 걸 보여 주고 싶어서 청나라 사신을 맞이하던 영은문을 헐고 새 문을 세웠어.

독립 협회는 신문도 발행하고, 사람들을 모아 강한 나라를 만들 방법도 토론했어. 사람들의 노력으로 대한 제국은 점점 발전했어.

신식 풍경

외국 문물이 많이 들어오자, 한양은 신식으로 바뀌었어.
신식은 무슨 뜻일까?

1 신씨 집안에 내려오는 풍경

2 옛날 방식이 아닌 새로운 방식

3 서양 문물을 들여오는 배의 이름

4 구식이의 쌍둥이 형제

 ## 2 서양에서 들여온 옷

한양에서 양복을 입는 사람도 차츰 늘어났어.
한복도 움직이기 편하도록 모양이 점차 바뀌었지.

신식 남성이라면 중절모, 양복, 구두를 신어야지.

신식 여성이라면 단발머리에 양장은 필수!

여학생들은 짧은 한복 치마를 입고

구두를 신어!

대한 제국이 들어선 지 몇 년 사이에 한양의 풍경이 바뀌었어.

다섯 도적

일본을 위해 대한 제국을 배신한 신하들을 말해.
무슨 짓을 했을까?

1 황제의 비밀 금고를 훔쳤다.

2 일본에 외교권을 넘겼다.

3 일본으로 이사했다.

4 밤마다 일본 국기를 그렸다.

2 일본에 외교권을 넘겼다.

대한 제국이 개혁을 실시하며 차근차근 발전해 나가자 일본은 불안해졌어.
일본 대표로 조선에 온 이토 히로부미는 고종을 협박했어.

그러자 이토 히로부미는 고종의 신하들에게 접근했어.
다섯 신하는 고종의 허락도 받지 않고 이 문서에 도장을 찍었어.
이완용, 박제순, 이지용, 이근택, 권중현이 다섯 도적이야.

이 사실을 안 사람들은 무효라며 거세게 반대했어.
다섯 도적과 일본의 만행을 반대하는 움직임이 곳곳에서 일어났어.

하지만 일본은 끄떡도 하지 않았어.

대한 제국의 권리를 빼앗은 일본에 복수한 사람도 있어. 누구일까?
① 마음을 고쳐먹은 이완용　　② 산적을 이끌던 임꺽정　　③ 명사수 안중근

3 명사수 안중근

을사늑약 체결 뒤, 이토 히로부미는 고종 황제를 쫓아내고 순종을
다음 왕으로 세웠어. 또 조선의 정치에 일일이 간섭하고, 군대도 해산했지.
중국에서 의병 활동을 하던 안중근은 크게 분노했어.
1909년, 이토 히로부미가 중국 하얼빈에 온다는 소식을 들은
안중근은 기차역으로 갔어.
이토 히로부미가 기차에서 내리자, 안중근은 총으로 쏘고 크게 외쳤어.

이 일로 안중근은 일본군에 체포되어 목숨을 잃었어.
하지만 나라를 판 다섯 도적은 승승장구했지.

조선 총독부

일본이 조선에 설치한 관청이야.
왜 설치했을까?

| 1 | 조선인들을 행복하게 만들려고 |
| 2 | 조선을 일본 마음대로 하려고 |

| 3 | 조선에 일본 총과 독을 수출하려고 |
| 4 | 조선 문화재를 보호하려고 |

2 조선을 일본 마음대로 하려고

1910년 조선은 일본에 나라를 완전히 빼앗기고 식민지가 되었어.
일본은 조선 총독부를 설치하고 조선을 자기들 마음대로 다스렸어.

2 총칼로 위협했다.

조선 총독부는 헌병을 앞세워 조선 사람들을 총칼로 위협했어.

조선 사람 모임 금지!
조선어 신문 발행 금지!
조선어로 된 책 출판 금지!

'독립'의 '독' 자도 생각하지 마!

흑, 칼이 무서워서 억울해도 항의도 못 하고….

조선 사람들의 삶은 나날이 고통스러워졌어.

조선을 떠나 다른 나라로 가는 사람도 늘었지.

만세 운동

일본에 맞서 온 국민이 "대한 독립 만세"를 외친 사건이야. 언제였을까?

| 1 | 4년마다 찾아오는 2월 29일 | 2 | 고종의 장례식 이틀 전인 3월 1일 |

| 3 | 해가 사라지는 개기 일식 날 | 4 | 순종의 생일날 |

 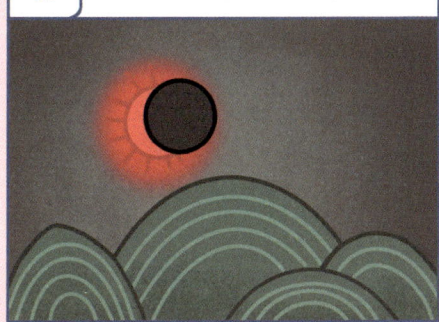 

 ## ② 고종의 장례식 이틀 전인 3월 1일

나라를 빼앗기고 일본에 맞서 힘겹게 싸우던 독립운동가들에게
희망을 주는 소식이 들려왔어.
유럽의 작은 나라들이 강대국의 지배에서 독립했다는 거야.

독립운동가들은 만세 운동을 벌일 계획을 세웠어.
때는 고종의 장례식 이틀 전인 3월 1일, 장소는 파고다 공원으로 정했지.

 ## 3 유관순

이화 학당에 다니던 18세 소녀 유관순이야.
만세 운동이 심해지자 일본은 학교 문을 닫게 했어.
그러자 유관순은 고향인 천안으로 내려가
마을 사람들과 만세 운동을 일으켰어.
유관순은 일본 헌병대에 잡혀 끌려갔어.

그 뒤로도 많은 사람이 만세 운동을 하다 죽고 다쳤어.
만세 운동은 세계에 조선의 독립 의지를 널리 알리는 계기가 됐어.

여섯

상하이

 대한민국 임시 정부를 세운 중국의 도시야.
왜 이곳에 세웠을까?

1 운 좋은 도시라고 소문이 나서	2 임씨가 많이 살아서

3 상하이 가는 비행기표만 있어서	4 일본의 감시를 피하려고

4 일본의 감시를 피하려고

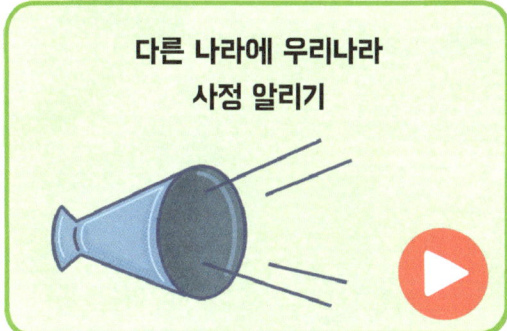

일본은 대한민국 임시 정부가 만들어진 걸 알고 어떻게 했을까?

① 그냥 눈감아 주었다.　　② 스파이를 보냈다.　　③ 임시 정부 건물을 폭파했다.

 **2 스파이를 보냈다.**

일본은 스파이를 심어 임시 정부 요원을 감시하고,
하는 일을 알아내 방해했어.
그러자 대한민국 임시 정부는 한인 애국단을 만들었어.
우리나라를 괴롭히는 일에 앞장선 일본인을 암살하기 위해서였지.

윤봉길은 물통과 도시락으로 위장한 폭탄을 행사장에 던졌어.
그동안 일본의 방해 때문에 힘을 잃었던 독립운동이 다시 되살아나는
불씨가 되었어.

청산리 대첩

 독립군이 일본군과 싸워 가장 크게 이긴 전투야.
이 전투를 이끈 장군은 누굴까?

1. 김좌진
2. 김오른
3. 김위
4. 김아래

1 김좌진

호랑이 장군으로 이름난 김좌진 장군은 평화로운 방법으로는
일본을 이길 수 없다고 생각했어.
그래서 중국 땅으로 건너가 군사를 모으고 힘을 길렀어.
때때로 국경을 넘어와 일본군 부대를 공격하기도 했어.
그랬더니 일본군이 복수한다며, 독립군들이 머물던 청산리로 쳐들어왔어.
김좌진 장군은 작전을 펼칠 준비를 마쳤어. 어떤 작전이었을까?

올 테면 와라!
우리가 박살 내 주마!

백두산

청산리

청산리 대첩 작전

작전 1. 일본군 유인해 공격하기

난 "독립군이 무서워 도망가 버렸다."라고 거짓 정보를 흘리게 했어. 그런 다음 청산리 계곡에 숨어 있다가, 방심한 일본군이 계곡으로 들어오자 총을 쏘며 공격했지.

작전 2. 산악 지대를 옮겨 다니며 괴롭히기

홍범도 장군 부대와 힘을 합쳐 일본군 진지를 기습하고 달아났어. 주변 산을 옮겨 다니며 일본군의 힘을 쭉 뺀 다음 다시 공격했더니, 일본군이 천 명이나 죽었어.

독립군들은 용맹하게 싸우는 법을 어디서 배웠을까?
① 태권도장 ② 신흥 무관 학교 ③ 소림사

2 신흥 무관 학교

신흥 무관 학교

신흥 무관 학교는 만주에 세운 군사 학교야.
무관 학교 학생들은 아침 6시부터 하루를 시작했어.

군사 훈련

국어와 역사 공부

농사짓기

학생들은 학교를 마치면 독립군이 되어 일본군과 싸우거나
의열단이란 단체에 들어가 일본군 관청을 폭파하고
일본 관리를 암살하는 활동을 했어.

조선 땅에서 일본을 꼭 몰아낼 거야!

여덟

문화 수호대

우리 문화와 역사를 지킨 사람들이야.
왜 문화 수호대가 되었을까?

1 일본이 우리 문화를 없애려고 해서	**2** 문화 수호대가 멋져 보여서

3 수호신의 계시를 받아서	**4** 일본이 만들라고 해서

1 일본이 우리 문화를 없애려고 해서

나는 한글 지킴이, 주시경!
우리글에 '한글'이라고 이름을 붙이고,
'가갸날(한글날)'을 만든 게 나야!
조선어 학회 회원들과 함께
한글을 가르치고 사전도 만들었어.

나는 역사 지킴이, 신채호!
우리나라가 옛날부터 다른 나라의
지배를 받았고, 일본보다 뒤떨어졌다는
말은 다 거짓이야. 난 고조선,
고구려, 발해를 연구해 우리 민족에게
자긍심을 심어 주었어.

3 전형필

조선 최고 부자인 전형필은 우리 문화재가 일본으로 팔려 나가는 걸 보고 문화재를 지켜야겠다고 결심했어.
전형필은 돈을 아끼지 않고 문화재를 사 모았어.
마지막 남은 논까지 팔아 다른 나라에 팔린 고려청자도 되찾았지.

이렇게 모은 『훈민정음 해례본』, 신윤복의 <미인도> 등을 '보화각'이라는 박물관을 만들어 전시했어.
누구든지 와서 볼 수 있도록 말이야.
문화 수호대 덕분에 우리의 역사와 문화를 지킬 수 있었어.

일본식 성명 강요

일본이 성과 이름을 바꾸게 한 거야.
어떻게 바꾸게 했을까?

| 1 | 성을 모두 '일'씨로 | 2 | 이름을 '본'으로 시작하게 |

| 3 | 일본식 이름으로 | 4 | 영어식 이름으로 |

 **3** 일본식 이름으로

가나우미 다케시

4	1	1945
게시물	팔로워	팔로잉

'내 이름은 김조선'
일본 사람은 언팔!

"우리는 일본 임금의 백성입니다!"

1940년 **월 **일
일본이 일본식으로 이름을 바꾸라고 강요해서 이제 다케시라고 불린다. 오늘도 일본 임금이 있는 곳을 향해 절을 하고 충성을 맹세했다. 이제 난 일본 사람인가?

#일본_이름_싫어!

"일본의 승리를 위해 뭐든 내놓아라!"

1940년 **월 **일
일본이 중국과 전쟁을 벌이는 통에 우리만 죽어난다. 지난달에는 우리 집 송아지를 끌고 가더니, 오늘은 무기를 만든다며 놋수저까지 뺏어 갔다. 밥은 뭐로 먹나?

#병참_기지화 #조선이_봉이냐?

우리 집은 솥뚜껑까지 가져갔어요.

일본은 망해라!

장에 놀러 갔다가 정신대에 끌려왔어요.

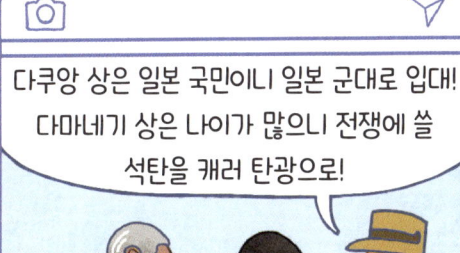

"다쿠앙 상은 일본 국민이니 일본 군대로 입대! 다마네기 상은 나이가 많으니 전쟁에 쓸 석탄을 캐러 탄광으로!"

1941년 **월 **일

이번에는 일본이 미국을 공격한다며 마을 남자 어른들을 끌고 갔다. 학생인 삼촌은 전쟁터로, 아빠는 광산으로. 전쟁은 언제 끝날까?

#동네_남자_싹쓸이
#전쟁터_총알받이

"누나가 일본 공장에서 돈 많이 벌어 올게."

"누나, 가지 마!"

1943년 **월 **일

아빠가 떠난 뒤로 하루 한 끼도 먹기 어렵다. 그러자 누나가 근로 정신대로 돈 벌러 떠났다. 누나까지 떠나니 너무 슬프다.

#일본은_사기꾼
#근로_정신대의_실체를_밝혀라!

임시 정부는 일본에 맞설 군대를 조직했어. 군대 이름이 뭘까?

① 평화 유지군　② 독수리군　③ 한국광복군

3 한국광복군

대한민국 임시 정부는 광복군을 만들어 국내로 침투할 계획을 세웠어.
서울을 되찾아 일본에 항복을 받아 낼 생각이었어.

광복군은 이제나저제나 출동 명령만 기다렸어.
그때 깜짝 놀랄 소식이 들렸어.

열

8·15

 일본에 빼앗겼던 나라를 되찾은 날이야.
일본은 왜 물러났을까?

1 식량이 떨어져서

2 일본 땅에 원자 폭탄이 떨어져서

3 도깨비가 일본군들을 괴롭혀서

4 일본군이 전염병에 걸려서

2. 일본 땅에 원자 폭탄이 떨어져서

일본이 전쟁에서 끝까지 버티자, 미국이 일본 땅에 원자 폭탄을 떨어뜨렸어.

펑!

그러자 1945년 8월 15일 일본은 무조건 항복한다고 발표했어.
우리나라는 마침내 독립을 맞이하게 되었지.

대한 독립 만세! 만세!

이렇게 살아오다니 감사합니다!

꿈에 그리던 고국 땅을 밟는구나.

저기, 일본 사람이 있다!

어서 일본으로 도망가자!

감옥에 갇혔던 독립운동가들도 풀려나고 대한민국 임시 정부 사람들도 고국으로 돌아왔어.

그런데 문제가 생겼어. 일본을 항복시킨 연합군 중 미국과 소련이 우리 땅을 둘로 나눠 버린 거야.

미국과 소련이 나눈 경계선은 어디일까?

① 38도선　　② 엑스선　　③ 노란 선

1 38도선

우리나라는 해방된 지 3년이 다 되도록 독립 국가를 세우지 못했어.
남과 북으로 나뉘고, 양쪽이 나라를 세우는 데 뜻이 맞지 않았어.
그래서 남쪽에서만 총선거를 실시했지.
국민의 대표로 뽑힌 국회 의원들은 나라 이름을 대한민국으로 정하고
헌법을 만들어 널리 알렸어.